85V

Frithjof Krepp/Rolf Oppermann
Spiel mit uns!
Blockflötenquartette

Frithjof Krepp/Rolf Oppermann

Spiel mit uns! Blockflötenquartette

Die moderne Liederauswahl für das Spielen zu viert

Freizeit
kunter bund edition
Lieder Noten

Lektorat: Christiane Schroeder-Angermund
Herstellung: Heinz Biermann
Umschlag: Roberto Patelli
Noten- und Textsatz: Esther Krepp, Schmitten
Druck: Topdruck KG, Weinheim
Printed in Germany 1993
ISBN 3-7663-1125-5

Inhalt

Vorwort

Zusammen in einer Gruppe zu musizieren macht den meisten Kindern, Jugendlichen und Erwachsenen viel Spaß.
Deshalb konzipierten wir erstmals als weitere Ergänzung zu unserer Blockflötenschule "Spiel mit uns Blockflöte", dem Spielbuch "Spiel mit uns Blockflötenlieder" und dem Buch "Spiel mit uns Blockflötenduos", die alle im gleichen Verlag erschienen sind, eine Zusammenstellung von Songs für vier Flöten.
Bei der Auswahl der Songs orientierten wir uns am Folklore-, Pop- und Oldiebereich, der von der täglichen Hörerfahrung den meisten Spielern und Jugendlichen vertraut ist und sich deshalb motivierend auswirkt.
Wir wollten das übliche Repertoire in dieser Richtung etwas erweitern, die Flöte als aktuelles, modernes Instrument erleben lassen und das bisherige Spektrum speziell im rhythmischen Bereich erweitern.
Jedem Stück haben wir die entsprechenden Gitarrebegleitakkorde beigefügt, um ein Zusammenspiel mit einem Gitarristen oder einer kleinen Begleitcombo zu ermöglichen.

Viel Spaß und Freude beim gemeinschaftlichen Musizieren wünschen

die Herausgeber

El condor pasa

M.: Daniel Robles/T.: Jorge Milchberg
Bearb.: F. Krepp/R. Oppermann

10
Eb
Bb
D
Gm
D
13
Gm
16
Bb
Eb

19
Bb
D
22
Gm
D
Gm
25
Bb
Eb
Bb
D

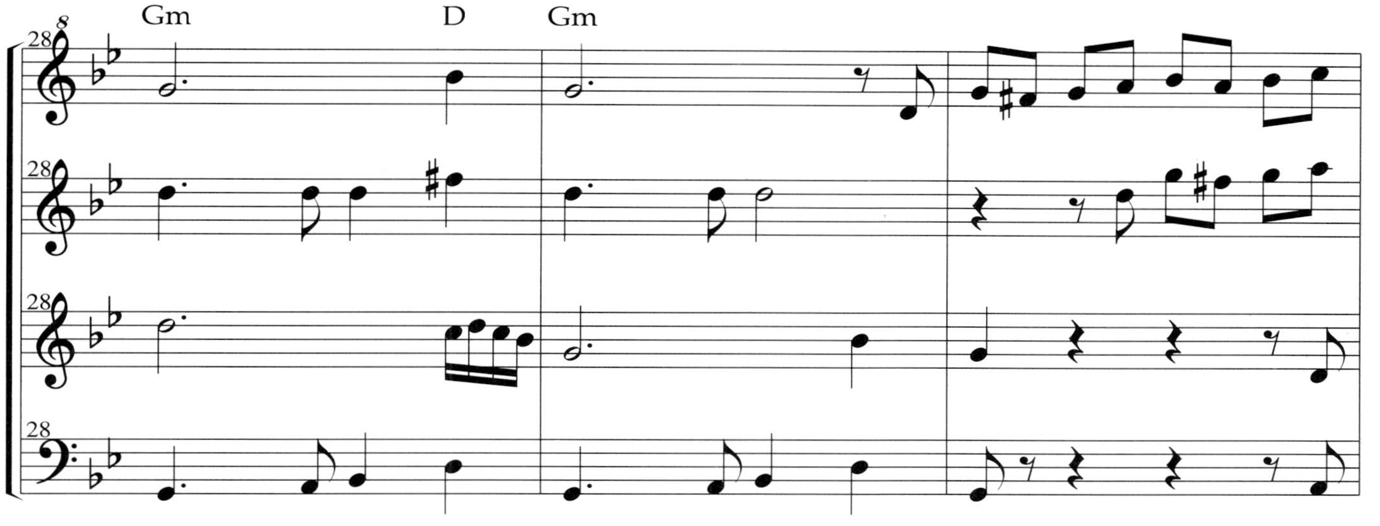
Gm
D
Gm

Bb
Eb
Bb
D

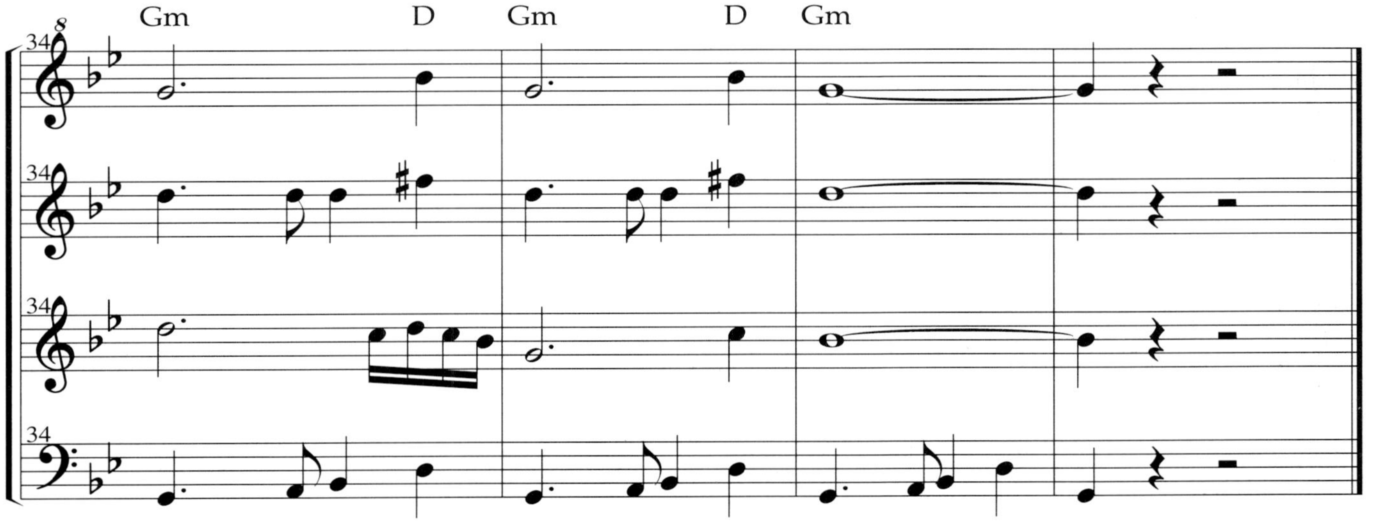
Gm
D
Gm
D
Gm

El condor pasa

Sopran - Flöte

M.: Daniel Robles/T.: Jorge Milchberg
Bearb.: F. Krepp/R. Oppermann

El condor pasa

M.: Daniel Robles/T.: Jorge Milchberg
Bearb.: F. Krepp/R. Oppermann

Alt - Flöte

El condor pasa

M.: Daniel Robles/T.: Jorge Milchberg
Bearb.: F. Krepp/R. Oppermann

Tenor - Flöte

El condor pasa

Bass - Flöte

M.: Daniel Robles/T.: Jorge Milchberg
Bearb.: F. Krepp/R. Oppermann

A swinging safari

M.: Bert Kaempfert
Bearb.: F. Krepp/R. Oppermann

♩ = 130

 = *mit den Fingern schnippen*

C
F
C
G
C
F
C
G
C
C

F
C
G
C
F
C
G
C
F
19
22
25

C G C
28
F C G C
31
C F C
34

G
C
F
G
C
C
F
C
G

C
F7
G
C
sfz.
sfz.
sfz.
sfz.
D.S. al

A swinging safari

Sopran - Flöte

M.: Bert Kaempfert
Bearb.: F. Krepp/R. Oppermann

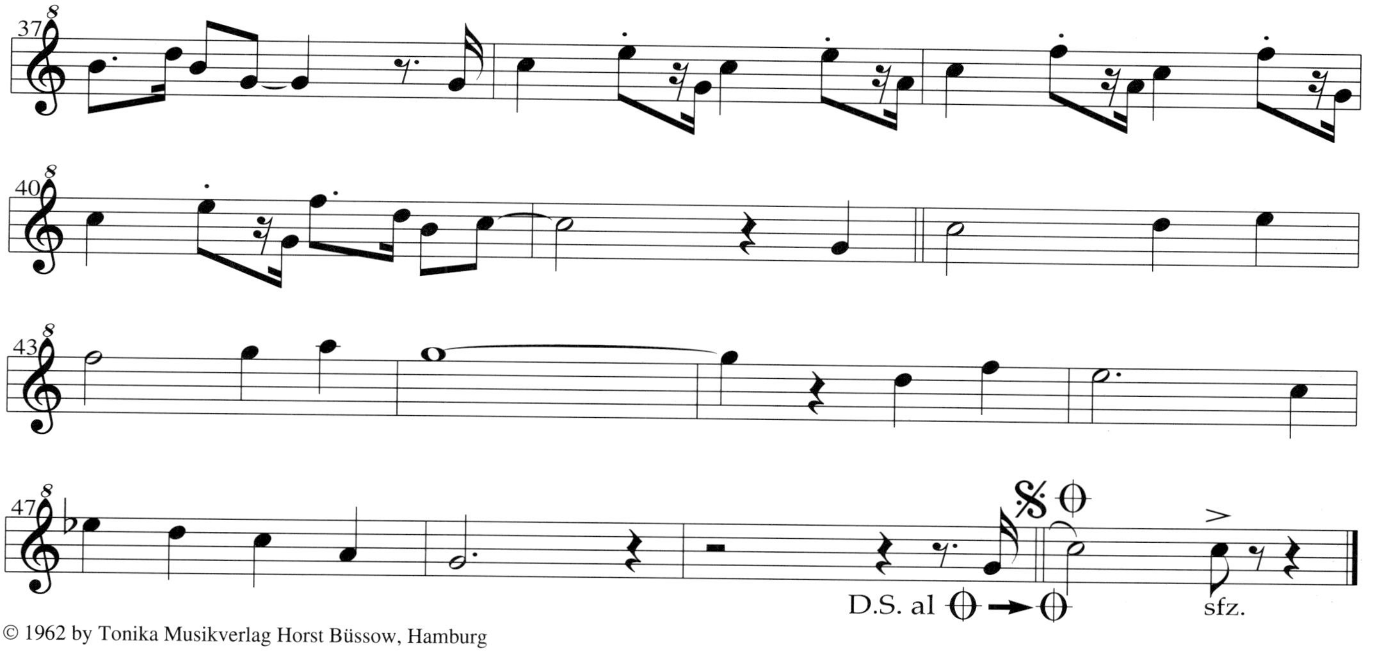
D.S. al ⊕ → ⊕
sfz.

A swinging safari

Alt - Flöte

M.: Bert Kaempfert
Bearb.: F. Krepp/R. Oppermann

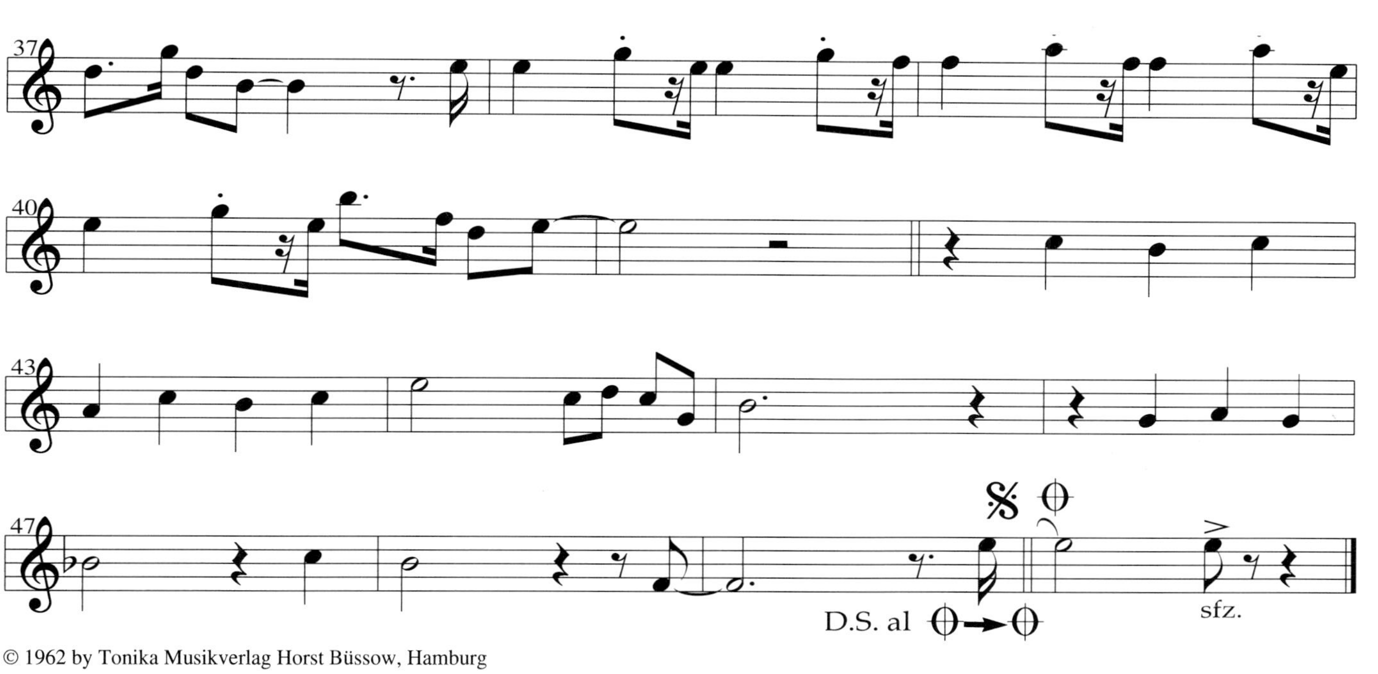
37
40
43
47
D.S. al
sfz.

A swinging safari

Bass - Flöte

M.: Bert Kaempfert
Bearb.: F. Krepp/R. Oppermann

 = *mit den Fingern schnippen*

A swinging safari

Tenor - Flöte

M.: Bert Kaempfert
Bearb.: F. Krepp/R. Oppermann

Let it be

M.: J. Lennon/P. Mc Cartney
Bearb.: F. Krepp/R. Oppermann

C G F C C G
Am F C G F C
Am G F C G

F C Am G F C
G F C
F Em Dm C B♭ F
1.
G F C
F Em Dm C B♭ F G F C
2.

Let it be

Sopran - Flöte

M.: J. Lennon/P. Mc Cartney
Bearb.: F. Krepp/R. Oppermann

Bitte beachten:
Für jeden am Gruppenunterricht teilnehmenden Spieler und für jedes zur Einstudierung und Aufführung eingesetzte Instrument muß laut Urhebergesetz eine Stimme käuflich erworben werden. Das Fotokopieren und jede andere nichtautorisierte Form der Vervielfältigung ist unzulässig und kann strafrechtlich verfolgt werden.

Let it be

M.: J. Lennon/P. Mc Cartney
Bearb.: F. Krepp/R. Oppermann

Alt - Flöte

Let it be

Tenor - Flöte

M.: J. Lennon/P. Mc Cartney
Bearb.: F. Krepp/R. Oppermann

Let it be

Bass - Flöte

M.: J. Lennon/P. Mc Cartney
Bearb.: F. Krepp/R. Oppermann

Bitte beachten:
Für jeden am Gruppenunterricht teilnehmenden Spieler und für jedes zur Einstudierung und Aufführung eingesetzte Instrument muß laut Urhebergesetz eine Stimme käuflich erworben werden. Das Fotokopieren und jede andere nichtautorisierte Form der Vervielfältigung ist unzulässig und kann strafrechtlich verfolgt werden.

Another day in paradise

M.: Phil Collins
Bearb.: F. Krepp/R. Oppermann

♩ = 100

G
Am
G
Am
G
Am
G
Am
G

F
G
Am
G
F
G
Am
G
F
Am

G
F
Am
G
F
Am
G
rit
Am
rit
rit
rit

Another day in paradise

Sopran - Flöte

M.: Phil Collins
Bearb.: F. Krepp/R. Oppermann

Another day in paradise

Alt - Flöte

M.: Phil Collins
Bearb.: F. Krepp/R. Oppermann

Another day in paradise

Tenor - Flöte

M.: Phil Collins
Bearb.: F. Krepp/R. Oppermann

Another day in paradise

Bass - Flöte

M.: Phil Collins
Bearb.: F. Krepp/R. Oppermann

Rivers of Babylon

M.: F. Farian/D. Brent/Mc Naughton/G. Reyam
Bearb.: F. Krepp/R. Oppermann

C
10
G
13
C
16
C

19
F
C
22
G
25
C
1.
2.

G
C
G
C
G
C
1.
C
2.

C
G
C
1.
2.

C
46

Rivers of Babylon

Sopran - Flöte

M.: F. Farian/D. Brent
Mc Naughton/G. Reyam
Bearb.: F. Krepp/R. Oppermann

Bitte beachten:
Für jeden am Gruppenunterricht teilnehmenden Spieler und für jedes zur Einstudierung und Aufführung eingesetzte Instrument muß laut Urhebergesetz eine Stimme käuflich erworben werden. Das Fotokopieren und jede andere nichtautorisierte Form der Vervielfältigung ist unzulässig und kann strafrechtlich verfolgt werden.

Rivers of Babylon

Tenor - Flöte

M.: F. Farian/D. Brent
Mc Naughton/G. Reyam
Bearb.: F. Krepp/R. Oppermann

39
42
1.
45
2.

Rivers of Babylon

Bass - Flöte

M.: F. Farian/D. Brent
Mc Naughton/G. Reyam
Bearb.: F. Krepp/R. Oppermann

37
40
43
1.
2.
46

Rivers of Babylon

Alt - Flöte

M.: F. Farian/D. Brent
Mc Naughton/G. Reyam
Bearb.: F. Krepp/R. Oppermann

Boogie Boogie

M.: Frithjof Krepp
Bearb.: F. Krepp/R. Oppermann

7
F
9
C
11
G
F

13
C
G
15
C
17

19
8
F
21
8
C
23
8
G
F

C
G

F
C
G
F

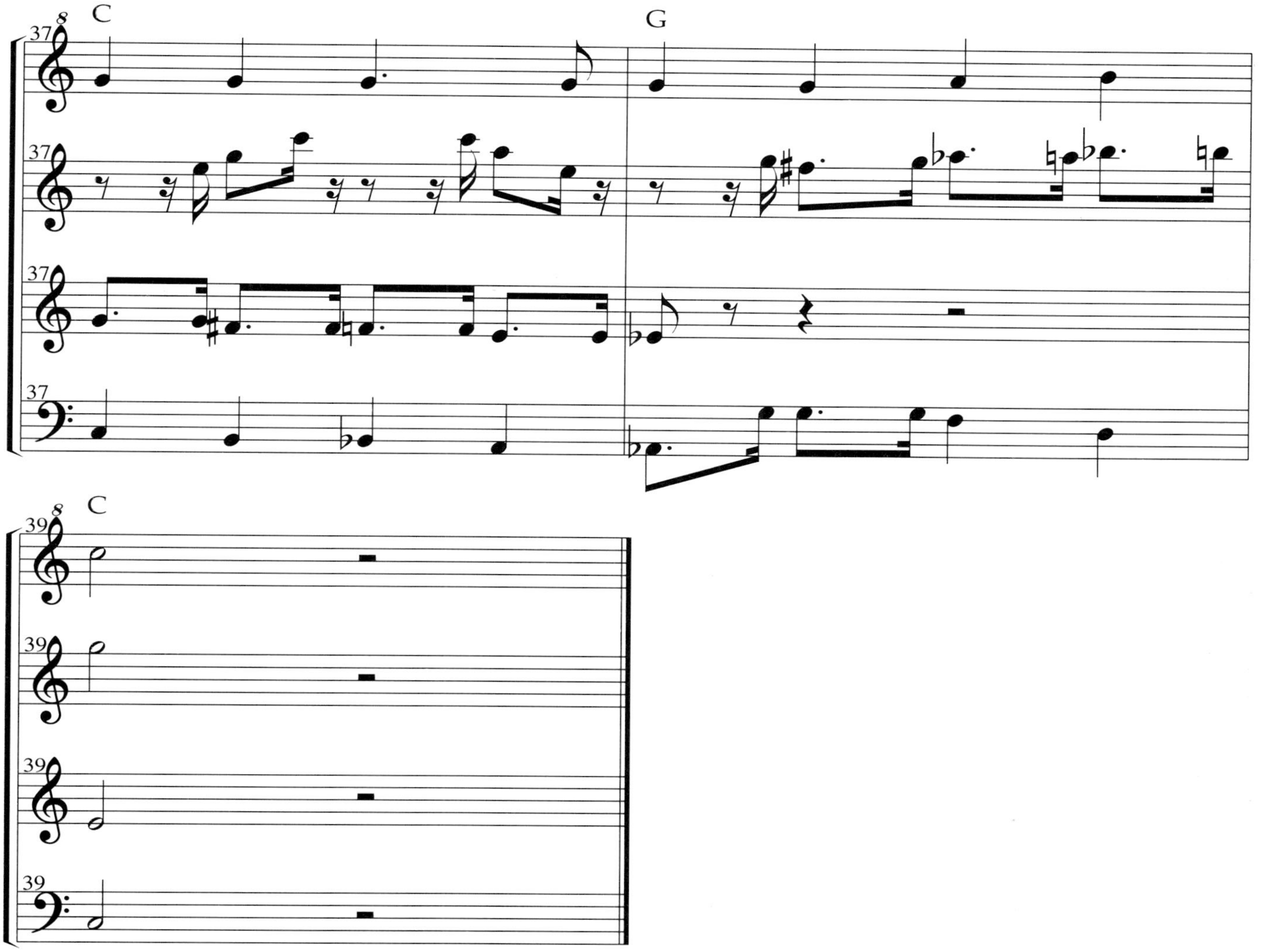
C
G
C

Boogie Boogie

Sopran - Flöte

M.: Frithjof Krepp
Bearb.: F. Krepp/R. Oppermann

Boogie Boogie

Bass - Flöte

M.: Frithjof Krepp
Bearb.: F. Krepp/R. Oppermann

Boogie Boogie

Alt - Flöte

M.: Frithjof Krepp
Bearb.: F. Krepp/R. Oppermann

Boogie Boogie

M.: Frithjof Krepp
Bearb.: F. Krepp/R. Oppermann

Tenor - Flöte

Exotic Guitar

M.: P. de Angelis/R. Marcucci

C
Am
F
G
C
F
G
F
G
C

Am
F
G
C
Am
F
G
C
3

F
G
C
C
G
C
D.S. al

Exotic Guitar

Sopran - Flöte

M.: P. de Angelis/R. Marcucci

Exotic Guitar

Bass - Flöte

M.: P. de Angelis/R. Marcucci

Bitte beachten:
Für jeden am Gruppenunterricht teilnehmenden Spieler und für jedes zur Einstudierung und Aufführung eingesetzte Instrument muß laut Urhebergesetz eine Stimme käuflich erworben werden. Das Fotokopieren und jede andere nichtautorisierte Form der Vervielfältigung ist unzulässig und kann strafrechtlich verfolgt werden.

Exotic Guitar

Alt - Flöte

M.: P. de Angelis/R. Marcucci

D.S. al
31
33

Exotic Guitar

Tenor- Flöte

M.: P. de Angelis/R. Marcucci

31
D.S. al
33

Scarborough Fair

traditional
Bearb.: F. Krepp/R. Oppermann

Andante

Am
G
Am
C
G
Am
C
Am
D
Am

31
C
G
36
Am
G
Am
41
C
G
Am

C Am D Am
C G
Am G Am

Scarborough Fair

Sopran - Flöte

Scarborough Fair

Alt - Flöte

Bitte beachten:
Für jeden am Gruppenunterricht teilnehmenden Spieler und für jedes zur Einstudierung und Aufführung eingesetzte Instrument muß laut Urhebergesetz eine Stimme käuflich erworben werden. Das Fotokopieren und jede andere nichtautorisierte Form der Vervielfältigung ist unzulässig und kann strafrechtlich verfolgt werden.

Scarborough Fair

Tenor - Flöte

Bitte beachten:

Scarborough Fair

Bass - Flöte